HÁBITATS DEL MUNDO

MONTAÑAS

ALISON BALLANCE

DOMINIE PRESS
Pearson Learning Group

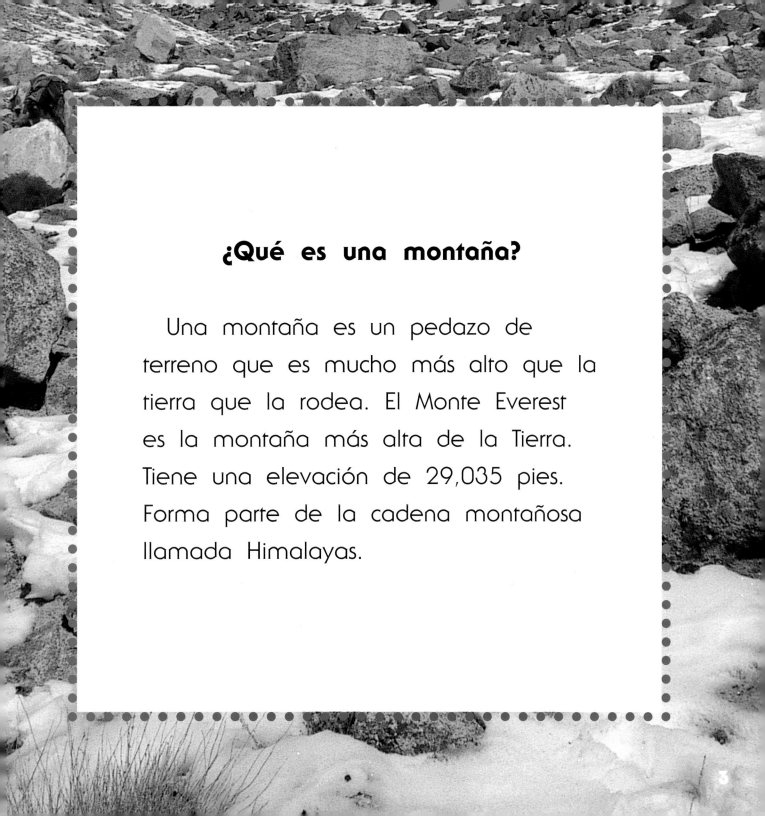

¿Qué es una montaña?

Una montaña es un pedazo de terreno que es mucho más alto que la tierra que la rodea. El Monte Everest es la montaña más alta de la Tierra. Tiene una elevación de 29,035 pies. Forma parte de la cadena montañosa llamada Himalayas.

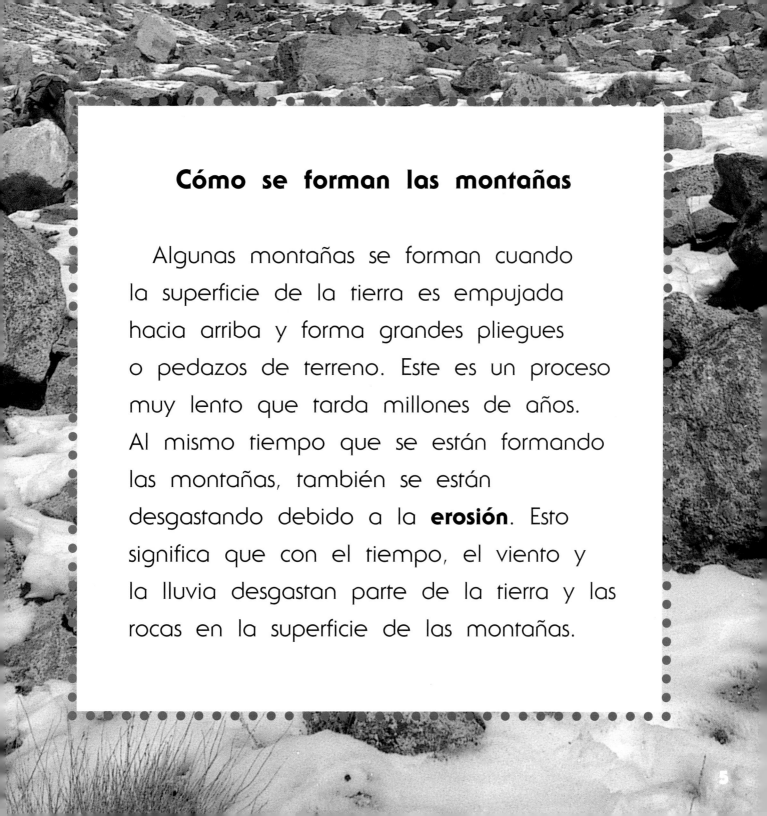

Cómo se forman las montañas

Algunas montañas se forman cuando la superficie de la tierra es empujada hacia arriba y forma grandes pliegues o pedazos de terreno. Este es un proceso muy lento que tarda millones de años. Al mismo tiempo que se están formando las montañas, también se están desgastando debido a la **erosión**. Esto significa que con el tiempo, el viento y la lluvia desgastan parte de la tierra y las rocas en la superficie de las montañas.

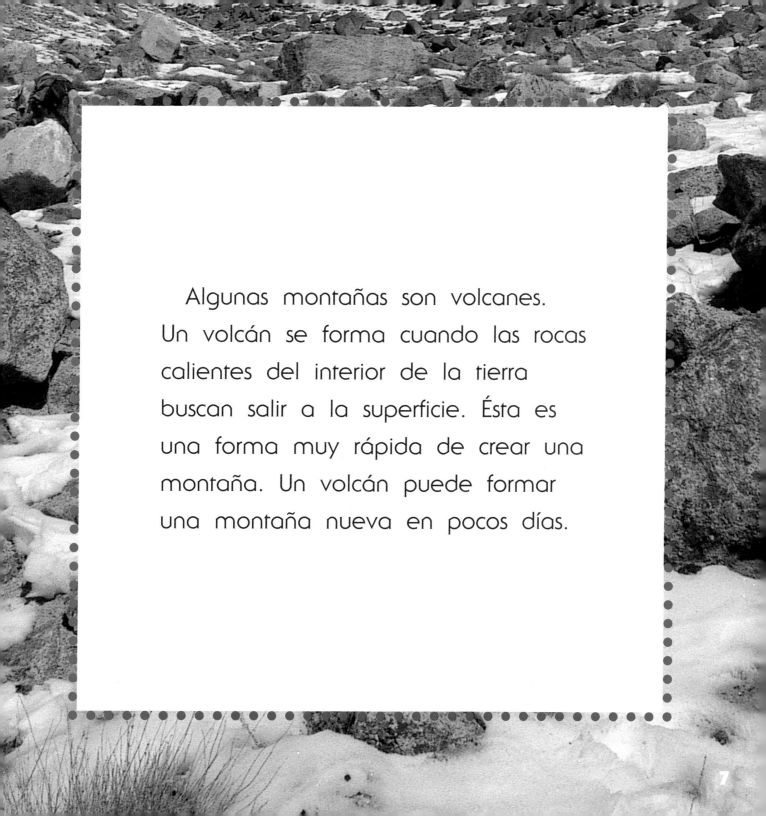

Algunas montañas son volcanes. Un volcán se forma cuando las rocas calientes del interior de la tierra buscan salir a la superficie. Ésta es una forma muy rápida de crear una montaña. Un volcán puede formar una montaña nueva en pocos días.

Las montañas y los volcanes pueden
hasta formar islas enteras que se alzan
del fondo del mar. Las islas de Hawai
están formadas por volcanes. La isla
de esta fotografía es también un volcán.

9

Clima de las montañas

Cuanto más cerca se está de la **cima** de una montaña, más frío es el aire y menos **oxígeno** hay. Las cimas de las montañas suelen ser muy ventosas, y casi siempre están cubiertas por las nubes y la bruma.

Límite de árboles

A medida que se va subiendo una montaña, se observa que las plantas son más pequeñas. En las montañas muy altas, se llega a una altura donde los árboles dejan de crecer. Ésta se conoce como límite de árboles. Más arriba de este límite, los árboles no **sobreviven** porque el clima es demasiado frío y ventoso.

Flores alpinas

El área por encima del límite
de árboles se llama zona **alpina**.
Aquí crecen muchas plantas pequeñas
y flores. Crecen a nivel del suelo
para **evitar** el viento frío.

GOMEZ

Musmones de Nueva Zelanda

Los musmones son animales muy **ágiles.** Viven en lo alto de las montañas de la cadena de los Himalayas. Sus patas suaves les ayuda a agarrarse de los riscos desnivelados de las montañas de su ambiente. Estos musmones también son llamados ovejas azules.

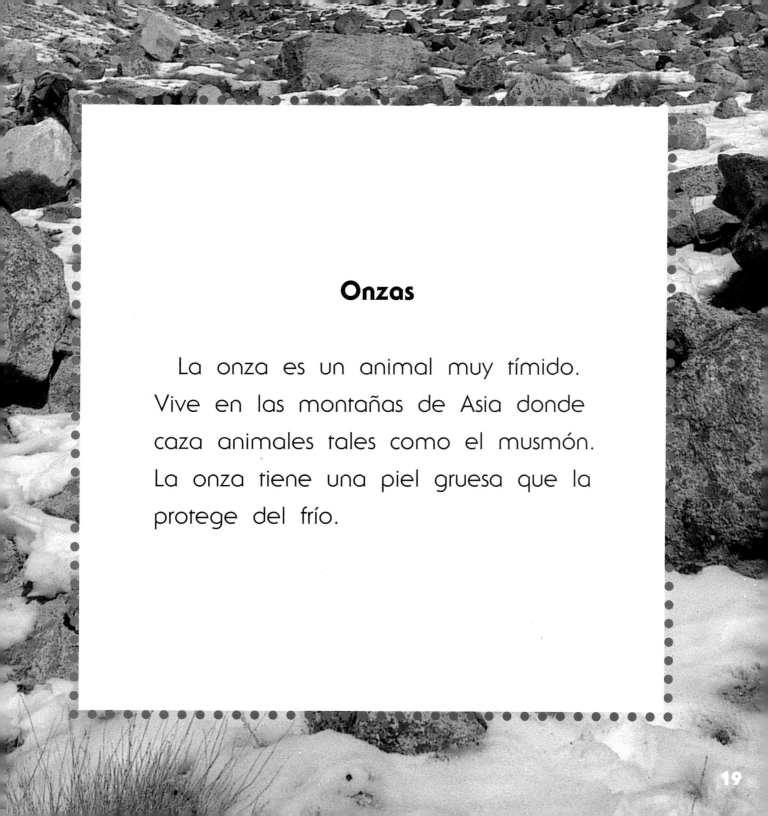

Onzas

La onza es un animal muy tímido. Vive en las montañas de Asia donde caza animales tales como el musmón. La onza tiene una piel gruesa que la protege del frío.

Loro kea

El loro kea se encuentra sólo en Nueva Zelanda. Se le conoce también como loro de montaña. La mayoría de los loros viven en las **selvas tropicales**, pero los keas viven en lo alto de las frías montañas. Los keas usan su fuerte pico al igual que sus patas para andar en la nieve.

Adaptación a la vida de montaña

Muchas veces los picos montañosos están cubiertos de nieve. Los alpinistas necesitan ropa abrigada y **equipo** especial para escalar estos picos sin arriesgarse. Tanto las plantas como los animales deben adaptarse a la vida de montaña.

GLOSARIO

ágiles: que se mueven con soltura

alpina: referente a una montaña muy elevada

cima: parte más alta de la montaña

equipo: conjunto de objetos y materiales necesarios para hacer una actividad

erosión: desgastes producido por el agua y el viento

evitar: apartarse de algo

oxígeno: gas que necesitamos para respirar

selvas tropicales: selvas que están cerca de la línea ecuatorial

sobreviven: permanecen vivos

ÍNDICE